ANALISI DEL LIBRO

Sulla strada

· · · · · · · · · · · · · · · ·

Jack Kerouac

ANALISI DEL LIBRO

Scritto da Maël Tailler
Tradotto da Sara Rossi

Sulla strada

JACK KEROUAC

JACK KEROUAC

SCRITTORE AMERICANO

- **Luogo e data di nascita: Lowell, Massachusetts, 1922.**
- **Luogo e data di morte: St. Petersburg, Florida, 1969.**
- **Opere principali:**
  - *Sulla strada* (1957), romanzo
  - *Mexico City Blues* (1959), poesia
  - *Angeli della desolazione* (1965), romanzo

Jack Kerouac nacque a Lowell, nel Massachusetts, nel 1922, da una modesta famiglia di canadesi di lingua francese. Jean-Louis Kerouac (il suo nome di nascita) divenne uno dei più grandi scrittori della Beat generation, insieme a William Burroughs e Allen Ginsberg.

I suoi romanzi ("*The Dharma Bums*", 1958; "*Lonesome Traveller*", 1960; "*Big Sur*", 1962) raccontano i suoi viaggi attraverso gli Stati Uniti e criticano lo stile di vita americano. Mal adattato alle soffocanti convenzioni sociali del suo tempo, Kerouac cercò la sua salvezza nell'alcol, nelle droghe, nella spiritualità (il buddismo) e nei viaggi. Mentore della gioventù americana degli anni Sessanta, Kerouac morì nel 1969 per problemi legati all'alcolismo.

SULLA STRADA

LE TRIBOLAZIONI
DI DUE ANTICONFORMISTI

- **Genere**: romanzo autobiografico
- **Edizione di riferimento:** Kerouac, J. (2003) *On the Road,* New York, Penguin Books.
- **Prima edizione**: 1957
- **Temi**: viaggio, società americana, libertà, marginalità, fuga

"Sulla strada" (1957) racconta le tribolazioni di Dean Moriarty (Neal Cassady) e Sal Paradise (lo stesso Kerouac), due giovani contrari all'edonismo, nell'America puritana della fine degli anni Quaranta. Viaggiando per il Paese in autostop, in autobus e in auto, si imbarcano in una ricerca confusa, frenetica ed esistenziale, a volte misteriosa.

Questo romanzo autobiografico, più volte rimaneggiato prima della sua pubblicazione, è valso al suo autore un enorme successo ed è considerato una delle opere più rappresentative della Beat generation.

SINTESI

L'INIZIO DI UN LUNGO VIAGGIO

Sal Paradise, giovane e vivace studente universitario e apprendista scrittore che vive con la zia nel New Jersey, sogna di viaggiare. Incontra uno strano personaggio proveniente dal West, Dean Moriarty. I due uomini vagano per i bar di New York filosofeggiando e progettano di incontrarsi di nuovo a Denver.

Nel luglio del 1947, con soli 50 dollari in tasca, Sal intraprende un viaggio in auto per sfuggire al grigiore della città e a tutto il suo conformismo. È alla ricerca di una vita più libera, meno soggetta alle catene della società. Il suo primo viaggio è un fallimento, ma riparte il giorno dopo, deciso a fare una sosta a Denver dove lo aspetta un amico. Passa per Chicago, dove il bebop (tendenza musicale nata negli anni Quaranta) suonato nei bar lo entusiasma. Alterna autostop da autisti, cowboy, lavoratori ambulanti e contadini.

A Denver, Sal alloggia con l'amico Chad nell'elegante appartamento dei genitori dell'amico Tim Gray.

Il suo amico Carlo Marx, giovane e sfrontato studente universitario, telefona a Sal e lo invita a unirsi a lui. In uno scantinato, Sal trova Dean e Carlo impegnati nel loro nuovo hobby: "cercare di comunicare con assoluta onestà e assoluta completezza" tutto ciò che passa loro per la testa, con l'aiuto della Benzedrina (un tipo di anfetamina, Parte 2, Capitolo 7). Il trio e alcuni amici trascorrono le serate tra feste e chiacchiere.

Dopo un viaggio nella vecchia città mineraria di Central City, Sal decide di lasciare la regione, accompagnato da Rita Betencourt, una ragazza "semplice e vera", con cui ha avuto una breve relazione (Parte 1, Capitolo 10), e di recarsi a San Francisco.

CALIFORNIA, VIRGINIA E NEW YORK

Sal ritrova il suo amico Remi Boncoeur che vive e lavora nei sobborghi di San Francisco come "sorvegliante speciale" (Parte 1, Capitolo 11). L'ozio di Sal, che passa le sue giornate "bevendo caffè e scarabocchiando" sceneggiature per Hollywood, è disapprovato dalla fidanzata di Remi. È, quindi, costretto a lavorare con l'amico, ma quando dovrebbero sorvegliare le caserme visitate dai marinai di passaggio, preferiscono bere con loro, abbandonando i propri posti. L'atmosfera a casa di Remi si deteriora e Sal decide di andarsene nello stesso modo in cui è arrivato: di notte e dalla finestra.

In un autobus diretto a Los Angeles, Sal si innamora di una bella ragazza messicana, Terry. Trascorrono due settimane insieme. Cercano invano di trovare lavoro a Hollywood, vagano insieme per le strade e nei motel e si fermano per qualche tempo a Sabinal presso la famiglia di Terry.

Sal finisce per trovare lavoro come raccoglitore di cotone e sembra aver raggiunto un equilibrio, ma, dopo aver fatto l'amore un'ultima volta, lui e Terry si lasciano senza troppi rimpianti. Sal riprende il suo viaggio e si unisce per un po' a un affascinante vagabondo ("il fantasma di Susquehanna", Parte 1, Capitolo 14), riflettendo sull'oscura selvaticità dell'Est nel corso della storia, prima di tornare a casa della zia.

Dean, che ha appena lasciato per capriccio la moglie, la figlia e il lavoro, raggiunge Sal a casa del fratello in Virginia. Dean è un edonista convinto (cercatore di piacere), che è anche alla ricerca di maggiore libertà. Ha comprato un'auto, è tornato dalla sua ex fidanzata, Marylou, e ora viaggia per il Paese con lei e con Ed Dunkel, un amico d'infanzia anche lui in fuga dalla moglie. L'allegra comitiva aiuta il fratello di Sal a trasferirsi, poi torna a New York.

Dopo un breve soggiorno intervallato da abbuffate, concerti jazz ed eccessi, partono per New Orleans, dove incontrano il vecchio Bull Lee, un uomo mistico e colto, ma sopraffatto dalla dipendenza dall'eroina. Dopo alcune notti di dissolutezza, capiscono che non possono restare. Dean, Marylou e Sal si rimettono in viaggio.

Viaggiando a tutta velocità attraverso il Texas e poi la California, Dean racconta della sua infanzia difficile con il padre alcolizzato, che crede di poter riconoscere in ogni vagabondo. A San Francisco, quando hanno finito i soldi, Dean decide improvvisamente di abbandonarli per ricongiungersi alla moglie Camille.

Sal e Marylou restano insieme per un po', prima che anche lei se ne vada. Sal, amareggiato e affamato, trova Camille e Dean, che è diventato un venditore di pentole a pressione. Insieme fanno una bella passeggiata, poi si separano, pensando che non si rivedranno mai più.

COLORADO, ILLINOIS E NEW YORK

Nella primavera del 1949, Sal torna a Denver, ma si sente solo e depresso. Non è altro che un "uomo bianco disilluso"

(Parte 3, Capitolo 1). Ritorna a San Francisco dove Dean sta fallendo nel suo ruolo di padre: fuma "tè", cioè marijuana, fino a diventare pazzo ed è ancora diviso tra Camille (con cui discute continuamente) e Marylou (a cui chiede di sparargli). I "due eroi scomposti della notte occidentale" (Parte 3, Capitolo 3) progettano di partire per l'Italia con i soldi che Sal ha guadagnato dalla pubblicazione del suo libro. Purtroppo, il loro sogno non si realizza. Dopo alcune serate con i loro vecchi amici, i due partono per New York.

Lasciati a Denver da una coppia che non li sopporta più, litigano e Dean scoppia in lacrime. I due uomini, esausti, fanno due soste.

Si recano all'ufficio turistico con un'auto rubata e accettano di portare una Cadillac piena di studenti universitari a Chicago. Dean guida come un pazzo, senza dormire e senza cedere il volante e arrivano a destinazione in men che non si dica (dopo una sosta in un ranch, un'uscita di strada e un viaggio alla stazione di polizia).

Dopo aver accompagnato gli studenti, Dean e Sal passano la notte nei bar di Chicago, bevendo e ballando. Al mattino, restituiscono la Cadillac in cattivo stato. Si spingono poi fino a Detroit, passano la notte in un cinema e fanno l'autostop fino a New York. Dean incontra Inez, una "brunetta sexy" (Parte 3, Capitolo 11), che mette incinta e che cerca di risolvere il suo divorzio al telefono con Camille, che ha appena partorito.

A New York, Dean conduce una vita semplice e ordinata: vive con Inez e lavora in un parcheggio. Una sera, riflettendo sul destino, sulla velocità e sul tempo che passa,

Dean dice che potrebbero finire a "guardare nelle lattine" (Parte 4, Capitolo 1) e che potrebbe essere la vera libertà. Sal parte da solo per Denver, dove incontra alcuni amici, tra cui Tim Gray, Ed Dunkel e Stan Shepard. Dopo una settimana di festa in cui il vecchio gruppo sembra essere tornato insieme, Stan, Sal e Dean decidono di dirigersi a sud verso il Messico.

MESSICO E NEW YORK

Nonostante la campagna povera e stanca, il Messico risponde alle loro aspettative. A Gregoria, incontrano Victor che li invita a casa sua, offre loro un "tè" e poi li porta in un bordello. I tre uomini lasciano a malincuore la città e continuano il loro viaggio. Alla fine, raggiungono il Messico, una città selvaggia e affascinante, ma poco dopo Sal si ammala. Quando si sveglia, Stan se n'è andato e Dean sta per fare la stessa fine.

Sal torna in qualche modo a New York in autunno. Lì incontra una ragazza di nome Laura. Nel frattempo, Dean ha sposato Inez, ma la lascia la sera stessa per raggiungere Camille a San Francisco.

Un giorno, tornando a casa, Sal trova Dean che sembra distrutto e sconfitto. Qualche tempo dopo, Remi Boncoeur (ormai un borghese "grasso e triste", Parte 5) invita Sal e Laura ad assistere a un concerto di Duke Ellington, ma si rifiuta di invitare Dean. Così, lo lasciano triste e solo all'angolo della strada. Più tardi, Sal sta meditando su un molo del New Jersey: ricorda i suoi viaggi e rivolge un pensiero particolare a Dean Moriarty (che non ha mai visto) e a suo padre (che non hanno mai trovato).

STUDIO DEI PERSONAGGI

SAL PARADISE (IL NARRATORE)

L'autore si nasconde dietro questo pseudonimo in questo romanzo autobiografico. Sal è anche un'abbreviazione di Salvatore ("il salvatore" in italiano) e Paradise si riferisce all'idealismo dell'eroe quando parte per l'Ovest (e il Sud) per cercare una vita più libera (il paradiso perduto della sua generazione).

Questo apprendista scrittore (che cita prontamente Dostoevskij, London, Steinbeck e Céline) si mette in viaggio accompagnato da Dean per sfuggire al grigiore e al conformismo che vede a New York (vive con la zia nel New Jersey). Come Dean, è un avventuriero e un bon vivant che ama la notte, i viaggi, le feste e l'incontro con nuove persone, ma rimane costantemente sotto gli eccessi dell'amico (come testimoniano, ad esempio, la sua timidezza durante i rapporti sessuali con Marylou o la sua guida relativamente sicura). Passivo e dominato, si lascia guidare volentieri da Dean, ma mantiene la sua posizione critica.

DEAN MORIARTY

Questo personaggio (direttamente ispirato a un amico di Kerouac, Neal Cassady) forma, insieme a Sal Paradise (sosia dell'autore) il duo principale di *"Sulla strada"*.

Dean, con le sue lunghe basette (Parte 1, Capitolo 1), i vestiti sistematicamente macchiati o strappati e l'aspetto trasandato, incarna il cattivo ragazzo. Ha avuto un'infanzia difficile con un padre alcolizzato, poi in un istituto di correzione. È una persona ai margini con una tendenza all'alcol e alle droghe, ma non è veramente pericoloso o violento.

Sal lo considera un mentore. È edonista, oltre che anticonformista, e un incrollabile ottimista (il suo motto è "Sì! Sì! Sì"). È sempre alla ricerca di nuove avventure e libertà. È anche un marito infedele e un padre irresponsabile. Ripudiato dalla maggior parte dei suoi amici, finirà per essere infelice e solo. Tuttavia, il romanzo (e l'opera di Kerouac in generale) celebra costantemente questo tipo di marginalità come un grado superiore di libertà. Dean incarna, più che la follia o l'eccentricità, una certa santità.

CARLO MARX

Il suo nome si riferisce direttamente a Karl Marx, facendo un cenno alle convinzioni politiche di Allen Ginsberg (poeta americano e amico di Kerouac, 1926-1997), ma ricorda anche i Fratelli Marx. Studente universitario sfrontato, si dedica alla poesia e alla filosofia. Rimane più tranquillo e lontano dal duo principale.

 BUONO A SAPERSI: PERSONAGGI "À CLEF"

Si parla di "roman à clef" (che in francese significa "romanzo in chiave") e di personaggi "à clef" quando, come in *"Sulla*

strada", i personaggi si riferiscono più o meno esplicitamente a persone reali.

Karl Marx è stato un filosofo, economista e scrittore tedesco (1818-1883). Con Friedrich Engels sviluppò la Teoria del socialismo proletario rivoluzionario e scrisse *"Il Manifesto comunista"*. Criticò il capitalismo e ne predispose il crollo. Oggi si parla di marxismo per descrivere la corrente che ha seguito le idee di questo politico.

I Fratelli Marx: sono stati attori comici americani che hanno recitato per il cinema, la televisione e il teatro fino agli anni Cinquanta. Groucho, Harpo, Chico, Gummo e Zeppo erano in realtà fratelli.

IL VECCHIO BULL LEE (WILLIAM BURROUGHS)

Questo accademico marginale, amante di tutte le droghe, conduce una vita dissoluta e contrastata (ha sposato una contessa jugoslava, ha fatto il disinfestatore a Chicago, ecc.) prima di ritirarsi con la sua ragazza (Jane) a New Orleans.

Diventa un mistico e un eroinomane e da quel momento in poi cercherà la conoscenza attraverso la droga. Il suo nome ambivalente è, allo stesso tempo, un riferimento a un capo indiano immaginario e a un feroce oppositore della burocrazia di Washington durante la guerra civile americana (conflitto sulla questione nera, dal 1861 al 1865), il Generale Lee.

REMI BONCOEUR

Remi Boncoeur (il cui vero nome è Henri Cru) è un amico d'infanzia di Sal che è andato a vivere a San Francisco. La sua traiettoria riflette quella di molti altri personaggi del libro: è un bon vivant in cerca di avventure per "sistemarsi" rapidamente. Sposa Ann Lee (che ha "una brutta lingua" e viene "da una piccola città dell'Oregon", Parte 1, Capitolo 11), prima di abbandonare la sua vita tumultuosa e diventare un uomo borghese "grasso e triste" (Parte 5).

LE DONNE

Sal e Dean incontrano molte donne durante il loro viaggio. Questo è anche uno dei motivi per cui decidono di intraprendere questa avventura. Anche se ricorrenti, le donne svolgono comunque un ruolo secondario, spesso presentato come negativo (dal narratore). Camille, Marylou e Inez, ad esempio, cercano invano di normalizzare Dean e Sal non può fare a meno di vederle come ostacoli alla propria avventura.

Sal ha diverse relazioni (Terry, la giovane messicana, Babe Rawlins, "la bambola del West", Rita, una ragazza "semplice e vera" (prima parte, capitolo 10), Marylou, Laura, ecc. Sono generalmente considerate (da un punto di vista autocosciente e maschilista) come oggetti di desiderio e non come interlocutori interessanti. Sono comunque una parte essenziale dello stile di vita rivendicato da Sal e Dean.

ANALISI

BEAT GENERATION, CONTROCULTURA E SOCIETÀ AMERICANA

Beat Generation

Il termine "beat" si riferisce al disagio della giovane generazione americana dopo la Seconda Guerra Mondiale. Fa riferimento anche al ritmo e alla pulsazione, dato che i "beatniks" erano grandi fan del jazz.

La Beat Generation si riferisce, quindi, a un movimento letterario e culturale sviluppatosi negli Stati Uniti negli anni Cinquanta e Sessanta. I suoi principali esponenti (Kerouac, Burroughs, Ginsberg) manifestarono il loro rifiuto della società industriale e del maccartismo, cui si opponevano con la spiritualità (buddismo zen), i viaggi e le esperienze indotte dalle droghe. Hanno influenzato profondamente la cultura del XX secolo.

👁 BUONO A SAPERSI: IL MACCARTISMO

Il maccartismo (dal nome del senatore statunitense Joseph McCarthy, 1908-1957) indica una persecuzione politica e l'emarginazione di qualsiasi persona sospettata di essere comunista nell'America degli anni Cinquanta. Attuato in un clima di psicosi, nel contesto della Guerra Fredda (1945-1990), divenne una vera e propria "caccia alle streghe".

Una critica alla società

Nel suo romanzo, Kerouac è impegnato in una costante critica della società americana del dopoguerra. Non si tratta di un'argomentazione sistematica, ma di ritratti, descrizioni e riflessioni sparse, man mano che si imbattono in nuove città, situazioni e persone. Sal e Dean lo sottolineano:

- La stupidità e l'arroganza della polizia, così come i limiti e i pericoli del militarismo (il romanzo evoca in particolare l'invenzione della bomba all'idrogeno, Parte 4, Capitolo 6);

- L'illusione della felicità e del benessere nella civiltà e il sentimento di appartenere a una "generazione fottuta";

- Il puritanesimo, lo sciocco conformismo e la compiacenza della classe media ("gli assurdi espedienti in cui era caduta per mantenere la sua orgogliosa tradizione", Parte 1, Capitolo 4), dei collegiali e dei borghesi;

- La noia insita in uno stile di vita individualista, materialista, iper-sicuro, standardizzato e privo di significato;

- La freddezza e la negatività degli intellettuali della East Coast;

- Il razzismo contro i neri (spesso relegati a funzioni inferiori) e i messicani, così come il crescente maccartismo;

- Le crudeli disuguaglianze che si manifestano brutalmente nelle grandi città.

Controcultura

Kerouac, relativamente disilluso rispetto alla storia e all'evoluzione della società, difende utopie minori, piuttosto che uno stile di vita e di pensiero anticonformista. Questo stile di vita è caratterizzato da:

- La fame assoluta di libertà che a volte cresce fino a ignorare la legge (eccesso di velocità, guida in stato di ebbrezza, furto d'auto, uso di droghe, ecc.). È, quindi, una forma di anarchismo, anche se non di attivismo;

- Il rifiuto del sogno americano, questa doppia illusione di credere che l'accumulo di beni materiali porti necessariamente alla felicità e che, indipendentemente dall'estrazione sociale o dal colore della pelle, tutti possiamo arrivare in cima alla piramide sociale;

- Una mente aperta e una curiosità senza limiti;

- Un culto della marginalità e di una certa follia come risposta diretta al conformismo castrante e l'attrazione per i marginali (in particolare gli hobos) e le minoranze;

- Un ottimismo incrollabile, caldo e generoso, in grado di affrontare qualsiasi avversità;

- Edonismo appassionato (mangiare bene, bere, assumere droghe, fare festa, ballare, ridere, provare piacere sessuale, godere di ogni momento, anche al limite dell'eccesso);

- Una costante evasione (attraverso viaggi incessanti, alcol e droghe) dalla realtà quotidiana e dallo sguardo congelato che la "normalità" impone.

Queste scelte di vita non sono ovviamente sicure. Alla fine del romanzo, Sal appare disorientato e amareggiato, il vecchio Bull Lee sprofonda nella sua dipendenza e Dean, prematuramente invecchiato, è rifiutato da tutti e destinato a una vita di vagabondaggio e miseria, ma senza l'energia e l'ottimismo della giovinezza. Alcuni scrittori della Beat Generation (Kerouac e Ginsberg, tra gli altri) hanno vissuto in prima persona questo tipo di epilogo.

POETICHE DEL FLUSSO, DEL MOVIMENTO E DELLA VELOCITÀ

Il viaggio compiuto da Sal e Dean, anche se può essere diviso in diversi viaggi e anche se non vanno sempre nella stessa direzione, dà l'impressione di un unico flusso di eventi, simboleggiato dalla strada. Inoltre, essi paragonano esplicitamente la strada al destino umano e i protagonisti passano ripetutamente per gli stessi luoghi (in particolare Denver) come se il loro movimento fosse ciclico.

Dean è letteralmente ossessionato dall'idea del movimento. Sulla strada, come nella vita, non vuole mai fermarsi e, piuttosto che la velocità (un valore caratteristico della vita moderna in Occidente), cerca un ritmo adeguato agli eventi. Trova l'espressione di questo ritmo nella musica dei musicisti jazz afroamericani e sviluppa la sua teoria dell'"IT", che è, in un certo senso, ciò che ogni musicista cerca, il momento preciso e sacro in cui il solista riesce a cristallizzare il meglio di sé in comunione con il pubblico che lo ascolta attentamente e si rende conto che sta accadendo qualcosa di indefinibile e magico. Anche Kerouac interpreta il termine "beatnik" in questo modo: "beat" diventa "be at it", essere "con", avere "it", secondo Bernard Nouis.

Questo interesse per il movimento assume diverse forme nella scrittura.

Supporto materiale

In origine, *"Sulla strada"* si presentava sotto forma di un rotolo continuo di carta lungo 35 metri, senza divisioni (capitoli o parti) e con una punteggiatura minima. L'autore sostiene di averlo battuto a macchina in tre settimane, in un'unica soluzione (Kerouac dovette, quindi, rielaborare il testo più volte prima di pubblicarlo). L'idea del flusso continuo si ritrova, pertanto, anche nel supporto fisico dell'opera.

Narrazione

Il narratore conduce il lettore in un flusso di parole: riflessioni, ritratti, biografie, aneddoti e resoconti si susseguono, si mescolano e si rimandano l'uno all'altro come i pensieri in movimento di un uomo, come le sue associazioni di idee.

Non si tratta di un monologo interiore in senso stretto (poiché il narratore include le storie di altri personaggi e perché prende le distanze dalla storia anticipando alcuni eventi o guardando indietro), ma le diverse sequenze, sovraccariche di eventi, si traducono in una serie di frasi relativamente brevi, di solito giustapposte e scoordinate:

> *"Ci affrettammo a tornare alla nostra baracca di minatori. Tutto era pronto per la grande festa. Le ragazze, Babe e Betty, cucinarono uno spuntino a base di fagioli e patate, poi ballammo e iniziammo a preparare la birra per la fiera. Finita l'opera, una grande folla di ragazze si riversò da noi. Rawlins, Tim e io ci siamo leccati i baffi. Le prendemmo e ballammo. Non c'era musica, solo balli. Il locale si riempì. La gente cominciò a portare bottiglie. Uscimmo di corsa per andare nei bar e tornammo di corsa. La notte stava diventando sempre più frenetica. Avrei voluto che Dean e Carlo fossero lì, ma poi ho capito che sarebbero stati fuori luogo e infelici. Erano come l'uomo con la pietra del sotterraneo e la cupezza, che sorgeva dal sottosuolo, i sordidi hipster d'America, una nuova generazione beat alla quale mi stavo lentamente unendo"* (Parte 1, Capitolo 9).

Anche il modo in cui Dean si esprime (a volte con un discorso diretto) è significativo e accentua l'impressione di velocità e il movimento del pensiero descritto sopra:

> *"Ma, Sa-a-al!" disse Dean. 'Beh, ora... sì, certo, sei arrivato... vecchio figlio di puttana che hai finalmente imboccato quella vecchia strada'. Bene, ora, guarda qui, dobbiamo... sì, sì, subito... dobbiamo, dobbiamo davvero! Ora Camille..." E le si avventò addosso. Sal è qui, questo è il mio vecchio amico di New Yor-r-k, questa è la sua prima notte a Denver ed è assolutamente necessario che io lo porti fuori e lo sistemi con una ragazza" (Parte 1, Capitolo 7).*

Ellissi

Per creare questa impressione di velocità si utilizzano altri eventi formali, come le ellissi (salto temporale).

Intorno alle nozioni di flusso, movimento e velocità, Kerouac sembra aver voluto esprimere, nel modo più appropriato e preciso, un periodo felice e intenso della sua vita.

ULTERIORI RIFLESSIONI

ALCUNE DOMANDE SU CUI RIFLETTERE...

- Alcuni personaggi del romanzo sono "personaggi à clef". Che cosa significa?

- Come vengono rappresentate le donne nel romanzo? Siete d'accordo con questa prospettiva?

- Cosa caratterizza la Beat Generation? In che modo i personaggi del romanzo sono rappresentativi di questa generazione?

- Attraverso la sua opera, cosa critica Kerouac?

- Secondo voi, Kerouac è un rivoluzionario? Cerca di migliorare la società?

- I personaggi del romanzo hanno uno scopo nella loro vita? Cosa stanno cercando?

- Cosa simboleggia la strada?

- Secondo voi, perché l'autore ha pubblicato per la prima volta la sua opera sotto forma di un rotolo di carta lungo 35 metri?

- Come possiamo spiegare l'interesse di Kerouac per il movimento e la velocità?

ULTERIORI LETTURE

EDIZIONE DI RIFERIMENTO

Kerouac, J. (2003) *Sulla strada*. New York: Penguin Books.

ADATTAMENTI

Sulla strada. (2002) [Film]. Walter Salles. Dir.

Sulla strada. (2005) [Radiodramma]. Christine Bernard-Sugy. Dir.

Vogliamo sapere da voi!
Lasciate un commento sulla vostra biblioteca online
e condividete i vostri libri preferiti sui social media!

Perché scegliere Must Read?

Scoprite tutto quello che c'è da sapere su un libro, con i nostri riassunti e le nostre analisi concise e approfondite!

Scoprite il meglio della letteratura sotto una luce completamente nuova!

www.50minutes.com

Master ISBN: 9782808691079
ISBN cartaceo: 9782808612470
Deposito legale: D/2023/12603/1527

Copertura: © Primento

Concezione digitale a cura di Primento, il partner digitale degli editori.